GÂNDIRE, RAPIDĂ ȘI LENTĂ

O CARTE DESPRE ERORILE CARE POT AFECTA LUAREA DECIZIILOR UMANE

Începând din anii 1970, Daniel Kahneman şi colaboratorul său de lungă durată, Amos Tversky, au răsturnat înţelepciunea convenţională, cercetând în profunzime mecanismele (defectuoase) pe care oamenii le folosesc pentru a lua decizii. 40 de ani mai târziu, aceste intuiţii sunt reunite în *Thinking, Fast and Slow (Gândire, rapid şi lent)* cu scopul de a le aduce la un public mai larg decât până acum.

Identificând două sisteme de gândire diferite (denumite simplu Sistem 1 şi Sistem 2, alias Fast şi Slow), cartea clarifică sursa acestor mecanisme şi condiţiile în care acestea pot apărea. Capitolele din mijloc aprofundează unele dintre mecanismele specifice identificate în lucrările lui Kahneman şi Tversky din anii 1970 şi modul în care acestea rămân relevante pentru discuţiile de astăzi.

Cartea reprezintă încununarea a patru decenii de cercetare a procesului decizional uman de către Daniel Kahneman şi este vârful de lance al unui val de cercetare în continuă creştere pe subiectele incluse în carte.

GÂNDIRE, RAPIDĂ ȘI LENTĂ

Rezumat și analiză a cărții de către
Daniel Kahneman

Book Review

GÂNDIRE, RAPIDĂ ȘI LENTĂ

Rezumat și analiză a cărții de către
Daniel Kahneman

scris de Dries Glorieux
tradus de Alina Dobre

Ediție de referință: Kahneman, D. (2011) *Thinking, Fast and Slow*. New York: Penguin.

Ediția[1]: 2011

Autor: Daniel Kahneman (psiholog și economist israeliano-american, născut la 5 martie 1934)

Domenii: psihologie, economie

Cuvinte cheie:

- <u>Heuristica</u>: o "scurtătură" mentală pe care oamenii o folosesc pentru a emite judecăți în situații complexe în care nu există suficiente dovezi pentru a forma o judecată pe deplin întemeiată.

- <u>Prejudecăți</u>: o abatere sistematică de la o anumită normă sau raționalitate a judecății, ca urmare a utilizării continue a euristicii.

- <u>Teoria perspectivei</u>: modelul descriptiv introdus de Kahneman și Tversky pentru a analiza procesul decizional din viața reală, spre deosebire de procesul decizional optim. Modelul afirmă că oamenii nu iau decizii pe baza rezultatelor potențiale, ci pe baza ponderii atribuite pierderilor și câștigurilor potențiale. Probabilitatea acestor pierderi și câștiguri este influențată de euristică.

- <u>Ancorarea</u>: o euristică specifică care influențează percepția importanței în luarea unei decizii datorită faptului că anumite informații au fost prezentate primele. Pe baza acestei informații, o persoană își va forma o judecată asupra informațiilor ulterioare, influențând judecata în favoarea primei informații.

- <u>Efectul de dotare</u>: o euristică care explică discrepanța dintre valoarea atașată unui lucru care este deja deținut și valoarea atașată unui lucru care nu este deținut, în ciuda faptului că aceste două elemente au aceeași valoare. Oamenii sunt mai puțin dispuși să se despartă de un lucru pe care îl dețin în schimbul altui lucru de valoare egală. În termeni economici, acest lucru se traduce printr-o diferență mare între așa-numita Disponibilitate de a plăti (ceea ce sunteți dispus să plătiți pentru un bun) și Disponibilitatea de a accepta (suma minimă de bani pe care sunteți dispus să o acceptați pentru un bun pentru a vă despărți de el).

- <u>Disponibilitatea</u>: scurtătură mentală care acordă o importanță mai mare amintirii lucrurilor. Lucrurile care se află în mod viu în mintea cuiva sunt considerate mai importante De exemplu: accidentele de avion sunt evenimente rare, dar, datorită vizibilității lor ridicate, sunt surse frecvente de teamă pentru o mulțime de oameni care trebuie să ia un avion. Accidentele de mașină, pe de altă parte, se întâmplă mult mai frecvent, dar nu se vorbește la fel de mult despre ele din cauza salienței scăzute.

AUTORUL

Daniel Kahneman s-a născut la 5 martie 1934, la Tel Aviv, în ceea ce pe atunci era încă Palestina Mandatară. A urmat o specializare în psihologie și o specializare în matematică la Universitatea Ebraică din Ierusalim, după care a lucrat pentru Forțele de Apărare israeliene până la plecarea în Statele Unite în 1958 pentru a urma studii de doctorat în psihologie la Universitatea California, Berkeley. Universitar de atunci, el este în prezent profesor emerit de psihologie și afaceri publice la Universitatea Princeton.

Este cunoscut mai ales pentru colaborarea sa îndelungată cu psihologul Amos Tversky, cu care a efectuat cercetări în domeniul procesului decizional care i-au adus Premiul Nobel pentru Științe Economice în 2002 (Tversky a murit în 1996). Pe lângă Premiul Nobel, a primit și Medalia Prezidențială a Libertății în 2013. Influența sa academică s-a extins dincolo de domeniul psihologiei și în alte domenii, cum ar fi economia și științele politice, fapt reflectat de un număr impresionant de 350 000 de citări în Google Scholar. În mod deosebit, cercetările sale au jucat un rol foarte important în stabilirea domeniului economiei comportamentale, datorită colaborărilor sale de-a lungul anilor cu Richard Thaler, laureat al Premiului Nobel în 2017. A fost căsătorit cu psihologul cognitiv Anne Treisman din 1978 până la decesul acesteia, în 2018, și are doi copii.

CONTEXT ȘI CONTEXT

Apariția literaturii privind prejudecățile și euristica în domeniul psihologiei a coincis cu apariția domeniului economiei comportamentale, care avea să devină un subdomeniu important al disciplinei economice. Heuristica și prejudecățile sunt exemple specifice de tehnici (subconștiente) utilizate ca parte a ceea ce politologul și economistul Herbert Simon a identificat ca fiind raționalitatea limitată (1955). Din cauza limitărilor cognitive înnăscute ale oamenilor și a limitelor impuse de mediul în care trăiesc, aceștia nu pot acționa în mod complet rațional și, prin urmare, exploatează anumite scurtături (euristici și prejudecăți).

După cum tocmai am menționat, Herbert Simon a fost un pionier în studiul procesului decizional în condiții imperfecte, introducând și dezvoltând conceptele de raționalitate limitată și satisfacție. Satisfacția este o strategie de luare a deciziilor care implică o noțiune de prag de disponibilitate. Aceasta presupune că indivizii nu caută *cea mai bună* alternativă posibilă, ci alternativa care satisface un set minim de cerințe.

REZUMAT AL CĂRȚII
GÂNDIREA, RAPIDĂ ȘI LENTĂ

Thinking, Fast and Slow sintetizează o mulțime de cercetări independente efectuate în ultimele patru decenii de Kahneman și Tversky, dar merge mai departe și oferă un cadru conceptual pentru a încerca să înțeleagă *de ce* anume mințile noastre comit aceste erori sistematice. În primul capitol, Kahneman face distincție între două tipuri de minte:

- "*Sistemul 1* funcționează automat și rapid, cu puțin sau deloc efort și fără sentimentul de control voluntar.

- *Sistemul 2* alocă atenția activităților mentale care necesită efort, inclusiv calculele complexe. Operațiile Sistemului 2 sunt adesea asociate cu experiența subiectivă de agenție, alegere și concentrare" (pp. 20-21).

Sistemul 1 este sistemul automat care ne însoțește în permanență, deși este în mare parte subconștient. Kahneman îl numește memoria noastră asociativă. Sistemul 2, pe de altă parte, este sistemul controlat la care apelăm mai rar, deoarece în rutina noastră zilnică avem tendința de a nu ne confrunta atât de des cu probleme complexe. Ideea pe care Kahneman încearcă să o transmită este că aceste două sisteme sunt în "contact" unul cu celălalt și că alinierea (sau nealinierea) lor joacă un rol crucial în ceea ce priveşte motivul pentru care oamenii sunt predispuşi la erori.

De obicei, relaţia dintre cei doi este oarecum ierarhică:

> "… Sistemele 1 şi 2 sunt ambele active ori de câte ori suntem treji. Sistemul 1 funcţionează în mod automat, iar Sistemul 2 se află în mod normal într-un mod confortabil cu efort redus, în care este angajată doar o fracţiune din capacitatea sa. Sistemul 1 generează continuu sugestii pentru Sistemul 2: impresii, intuiţii, intenţii şi sentimente. Dacă sunt aprobate de Sistemul 2, impresiile şi intuiţiile se transformă în convingeri, iar impulsurile se transformă în acţiuni voluntare. Atunci când totul decurge fără probleme, ceea ce se întâmplă de cele mai multe ori, Sistemul 2 adoptă sugestiile Sistemului 1 cu puţine sau chiar fără modificări." (p. 24)

Problemele apar atunci când apar condiţii care ies din comun. În aceste condiţii, coordonarea dintre cele două sisteme poate lua-o razna, iar Sistemul 2 îşi pierde puterea de control asupra Sistemului 1: "… Sistemul 1 este, în general, foarte bun în ceea ce face: modelele sale de situaţii familiare sunt exacte, predicţiile sale pe termen scurt sunt, de obicei, la fel de exacte, iar reacţiile sale iniţiale la provocări sunt rapide şi, în general, adecvate. Cu toate acestea, Sistemul 1 are prejudecăţi, erori sistematice pe care este predispus să le facă în circumstanţe specifice" (p. 25).

Atunci când se întâmplă acest lucru, Sistemul 2 trebuie să intre în acțiune și să preia locul Sistemului 1: "Când Sistemul 1 întâmpină dificultăți, apelează la Sistemul 2 pentru a susține o procesare mai detaliată și mai specifică care poate rezolva problema de moment. Sistemul 2 este mobilizat atunci când apare o întrebare pentru care Sistemul 1 nu oferă un răspuns [...]" (p. 24). Sistemul 2 este sistemul care este responsabil pentru ceea ce numim autocontrol.

Următoarele trei capitole se ocupă de gama de defecte ale gândirii noastre pe care Kahneman și Tversky (și, într-o anumită măsură, și alții) le-au identificat în deceniile care au trecut de la începutul programului lor de cercetare. Cele mai proeminente sunt următoarele:

- Ancore: ancorele sunt puncte de referință care influențează percepția oamenilor asupra unei anumite probleme. În sine, acest lucru nu este surprinzător, deoarece folosim tot timpul referințe pentru a da sens lucrurilor, dar "defectul" este că, indiferent dacă ancora este sau nu relevantă pentru problema în cauză, se pare că aceasta are totuși un efect asupra modului în care percepem lucrurile. Cartea dă exemplul modului în care două numere aleatorii de pe o roată a norocului au influențat decizia pe care oamenii au luat-o atunci când au fost întrebați câți ani avea Gandhi când a murit. Numerele nu aveau nicio legătură directă cu vârsta reală a lui Gandhi la momentul morții sale (78 de ani), dar au influențat totuși răspunsul dat de oameni. Primul număr a fost 10, iar al doilea 65. În mod previzibil, persoanele care au primit 10 au făcut, în medie, estimări mai mici ale vârstei lui Gandhi când a murit, în comparație cu persoanele care au primit 65. Efectul a fost bine documentat de ani de zile, dar motivul pentru care oamenii sunt susceptibili la efectele de ancorare a rămas nerezolvat până de curând: "Două mecanisme diferite produc efectele de ancorare - unul pentru fiecare sistem. Există o formă de ancorare care are loc într-un proces deliberat de ajustare, o operațiune a sistemului 2. Și există o ancorare care are loc printr-un efect de amorsare, o manifestare automată a Sistemului 1" (p. 120).

- Disponibilitatea: **într-un** fel, euristica de disponibilitate este similară euristicii de ancorare, deoarece depinde de faptul că oamenii *văd* efectiv ceva care le dă o impresie greșită despre lucruri. Imaginea se joacă cu mintea noastră, deoarece joacă sever cu punctele slabe ale primului sistem:

> *"O imagine extrem de vie a morții și a pagubelor, întărită în mod constant de atenția mass-media și de conversațiile frecvente, devine foarte accesibilă, mai ales dacă este asociată cu o situație specifică, cum ar fi vederea unui autobuz. Trezirea emoțională este asociativă, automată și necontrolată și produce un impuls de acțiune de protecție. Sistemul 2 poate "ști" că probabilitatea este scăzută, dar această cunoaștere nu elimină disconfortul autogenerat și dorința de a o evita. Sistemul 1 nu poate fi oprit. Emoția nu numai că este*

*disproporţionată faţă de probabilitate, dar este
şi insensibilă la nivelul exact al probabilităţii."
(pp. 322-323)*

- Efectul de înzestrare: efectul de înzestrare, după cum s-a menţionat mai devreme, se produce atunci când valoarea pe care o atribuiţi unui obiect pe care îl deţineţi personal depăşeşte valoarea pe care o atribuiţi unui alt obiect pe care nu îl deţineţi, deşi acestea au de fapt exact aceeaşi valoare atunci când sunt considerate în mod obiectiv. Care este cauza acestei discrepanţe? Cauza nu constă în vreo trăsătură inerentă asociată diferitelor bunuri, ci în scopul pe care acestea îl servesc: "Trăsătura distinctivă constă în faptul că atât pantofii pe care ţi-i vinde comerciantul, cât şi banii pe care îi cheltuieşti din bugetul tău pentru pantofi sunt deţinuţi "pentru schimb". Ei sunt destinaţi să fie tranzacţionaţi pentru alte bunuri. Alte bunuri, cum ar fi vinul şi biletele la Super Bowl, sunt deţinute "pentru utilizare", pentru a fi consumate sau pentru a fi savurate în alt mod" (p. 294). Bunurile pe care intenţionaţi să le folosiţi au pentru dumneavoastră o valoare mai mare decât bunurile destinate schimbului, astfel încât atunci când aveţi o sticlă de vin frumoasă, ca în exemplul dat în carte, veţi fi reticent să vă despărţiţi de ea, cu excepţia cazului în care suma oferită este considerabil mai mare decât cea pe care aţi fost dispus să o cheltuiţi pentru a o cumpăra.

IMPACTUL *GÂNDIRII RAPIDE ȘI LENTE*

RECEPȚIE

O carte scrisă de un laureat al Premiului Nobel care rezumă elegant o multitudine de cercetări academice este aproape sigur că va atrage atenția în mod semnificativ, iar în acest sens a reușit. Cartea a fost recenzată și lăudată pe scară largă, obținând premii precum National Academy of Sciences Best Book Award, una dintre cele mai bune cărți ale anului 2011 ale *The New York Times Book Review*, una dintre cărțile anului 2011 ale *The Economist* și una dintre cele mai bune cărți de non-ficțiune ale anului 2011 ale *The Wall Street Journal.*

Cartea s-a vândut până în prezent în peste un milion și jumătate de exemplare de la prima publicare, în 2011, și a fost inclusă pe o serie de liste de bestselleruri, cum ar fi New York Times Bestseller List. Din punct de vedere academic, cartea a fost recenzată în publicații precum *Journal of Economic Literature.*

Este una dintre puținele cărți scrise de un profesor universitar care reușește să se plaseze între lumea academică și cea tradițională. Cartea este folosită de cadrele universitare ca manual în cadrul cursurilor de psihologie și economie comportamentală sau ca parte a listei de lecturi pentru un curs.

CRITICI LA ADRESA ABORDĂRII LUI KAHNEMAN

Deși, în general, a fost primită pozitiv în lumea academică, literatura de specialitate privind euristica și prejudecățile a atras totuși unele critici. Două critici în special par să merite a fi subliniate:

- S-a argumentat că iraționalitatea, ca o consecință a funcționării euristicii și a prejudecăților, va fi/va fi eliminată în cadrul procesului de piață. Prețurile și alocările vor deveni eficiente din punct de vedere economic, în ciuda factorilor psihologici implicați. Un exemplu particular în acest sens este exemplul lui Milton Friedman (1953) cu privire la acest mecanism pe piețele financiare.

- A doua critică recunoaște influența pe care factorii psihologici o au asupra comportamentului individual, dar susține că aceasta afectează doar comportamentul marginal, în timp ce abordările economice standard se ocupă de comportamentul de prim ordin. Ca atare, nu afectează deciziile de bază luate de indivizi (sau cel puțin nu în vreun sens semnificativ).

Aceste critici au fost în general abordate prin cercetări empirice, punând la îndoială eficacitatea mecanismelor de piață discutate.

O critică mai energică este cea formulată de Andrei Shleifer (2012). Distincția funcțională dintre Sistemul 1 și Sistemul 2 devine tensionată atunci când este privită mai atent. Este într-adevăr cazul ca Sistemul 2 să ofere un control informațional fiabil împotriva erorilor

Sistemului 1? Shleifer subliniază faptul că informațiile pe care le deține Sistemul 2 variază radical de la o persoană la alta:

> "... calculul 20 x 20 este o sarcină fără efort pentru Sistemul 1, în mare parte pentru că economiștii au fost selectați pentru a fi buni la acest lucru și au avut multă practică. Dar pentru mulți oameni care nu sunt experți, această operațiune este solicitantă sau chiar imposibilă, fiind cu siguranță de domeniul Sistemului 2. În schimb, înșurubarea unui bec este foarte sistem 2 pentru mine [...]. Pe măsură ce oamenii dobândesc cunoștințe sau expertiză, domeniile celor două sisteme se schimbă." (2012: 4)

Faptul că Sistemul 2 va corecta sau nu greșelile făcute de Sistemul 1 pare să depindă mai mult de trăsăturile indivizilor în cauză și nu de vreo distribuție generalizabilă a cunoștințelor între cele două. În plus, problemele asociate celor două sisteme sunt distincte din punct de vedere teoretic: după cum au subliniat Kahneman (și Tversky), oamenii nu reușesc să gândească în cadrul Sistemului 1 pentru că nu se gândesc la probleme în mod corect. Cu toate acestea, oamenii eșuează la sistemul 2 de gândire din cauza raționalității limitate menționate mai sus, ceea ce înseamnă că rezolvarea problemelor complexe este ea însăși limitată, în ciuda faptului că îi acordăm atenție în mod conștient (de exemplu, în ciuda faptului că ne gândim la aceste probleme în mod corect).

Așadar, Sistemul 1 și Sistemul 2 par a fi procese mentale distincte, ceea ce îl face pe Shleifer să creadă că viziunea ierarhică a lui Kahneman între 1 și 2 ar putea să nu fie confirmată de cercetările viitoare: "… fiecare dintre Sistemul 1 și Sistemul 2 pare a fi o colecție de procese mentale distincte. Sistemul 1 include atenția inconștientă, percepția, emoția, memoria, narațiunile cauzale automate etc. Mă îngrijorează faptul că, odată ce biologia gândirii va fi elaborată, este puțin probabil ca ceea ce se întâmplă de fapt în capetele noastre să fie cartografiat în mod clar în gândire rapidă și gândire lentă." (*ibid.*: 5).

MOȘTENIREA

Ideile din carte au influențat în mod fundamental o serie de domenii, cum ar fi psihologia, economia, științele politice, afacerile și finanțele (după cum o demonstrează activitatea lui Robert Schiller, care a primit în 2013 Premiul Nobel pentru Științe Economice pentru activitatea sa în domeniul finanțelor comportamentale). După cum am menționat anterior, oameni precum Richard Thaler în economie, dar și Cass Sunstein în drept, au fost strâns asociați cu proiectele de cercetare ale lui Kahneman și Tversky pentru o perioadă foarte lungă de timp.

Un rezultat deosebit de notabil al programului de cercetare a euristicii și a prejudecăților a fost apariția domeniului paternalismului libertar. Aici, Thaler a colaborat cu Sunstein pentru a reflecta asupra impactului pe care prezența deficiențelor cognitive l-ar putea avea asupra conceperii politicilor (a se vedea ghidul cărții *Nudge*, scrisă de cei doi). Ideea este că guvernele pot pune în aplicare ceea ce ei numesc o "arhitectură a opțiunilor": un set de recomandări care îi îndeamnă pe oameni să facă anumite alegeri care sunt mai bune pentru ei, după cum sunt judecate de oamenii înșiși. Se presupune că aceste imbolduri politice funcționează mai bine tocmai pentru că se adresează predispozițiilor psihologice ale oamenilor.

REZUMAT

Kahneman defineşte o serie de termeni cheie legaţi de procesele gândirii umane:

- **Sistemul 1:** sistemul care este responsabil pentru gestionarea fluxurilor de informaţii pe care le întâlnim zi de zi. Este impulsiv şi în mare parte subconştient, dar, de obicei, îşi face treaba, deoarece lucrurile cu care ne confruntăm sunt, în general, situaţii simple care nu ne cer să trecem la Sistemul 2. Sistemul 1 cuprinde, în principiu, capacităţile umane înnăscute care sunt împărtăşite cu aproape toată lumea şi unele abilităţi de bază învăţate, cum ar fi asocierile între idei, cititul, nuanţarea etc. Aceste cunoştinţe sunt stocate şi accesate de oameni fără intenţie sau efort.

- **Sistemul 2:** cuprinde operaţiile care sunt efectuate în mod *conştient*: "Operaţiile extrem de diverse ale Sistemului 2 au o trăsătură comună: ele necesită atenţie şi sunt întrerupte atunci când atenţia este distrasă" (p. 22). Aici, oamenii se confruntă cu un compromis: cantitatea de atenţie disponibilă este limitată şi, prin urmare, ne putem concentra doar asupra unui număr mic de lucruri la un moment dat. Acest lucru ne determină să ne uităm la unele, neglijându-le în acelaşi timp pe altele. Cercetarea canonică menţionată în carte este experimentul în care oamenilor li se spune să se concentreze asupra unuia dintre cele două grupuri de persoane dintr-un videoclip. În timp ce aceştia fac acest lucru, un bărbat trece prin imagine purtând un costum de maimuţă. Majoritatea oamenilor nu observă trecerea maimuţei, deoarece îşi concentrează toată atenţia pe un anumit grup, eliminând alte lucruri în acest proces.

- **Teoria perspectivei**: cadrul teoretic de alegere teoretică pe care Kahneman şi Tversky l-au dezvoltat pentru a explica modul în care oamenii aleg în viaţa reală, spre deosebire de abstracţiunile utilizate în economia neoclasică, de exemplu.

- **Heuristica:** scurtături mentale folosite de oameni pentru a lua decizii pe anumite subiecte fără a avea acces la informaţiile necesare pentru a lua o decizie în deplină cunoştinţă de cauză. Aceste euristici pot fi atât pozitive, cât şi negative, deoarece prescurtările se pot baza pe cele mai bune informaţii disponibile, ceea ce reprezintă o aproximare fiabilă, sau pot denatura problema în cauză prin denaturarea şansei, a cauzalităţii etc.

LECTURI SUPLIMENTARE

BIBLIOGRAFIE

Kahneman, D. (2011) *Thinking, Fast and Slow*. New York: Penguin.

SURSE SUPLIMENTARE

Glorieux, D. (2019) *Recenzie de carte: Nudge de Richard H. Thaler și Cass S. Sunstein*. Bruxelles: Editura Plurilingua.

Kahneman, D. & Tversky, A. (1979) Prospect Theory: O analiză a deciziei în condiții de risc. *Econometrica*. 47(2), pp. 263-292.

Shleifer, A. (2012) Psihologii la poartă: A Review of Daniel Kahneman's *Thinking, Fast and Slow*. *Journal of Economic Literature*. 50(4), pp. 1-12.

Simon, H. (1955) A Behavioral Model of Rational Choice (Modelul comportamental al alegerii raționale). *The Quarterly Journal of Economics*. 69(1), pp. 99-118.

Thaler, R. & Sunstein, C. (2009) *Nudge: Îmbunătățirea deciziilor privind sănătatea, bogăția și fericirea*. New York: Penguin.

Tversky, A. & Kahneman, D. (1974) Judecata în condiții de incertitudine: euristică și prejudecăți. *Science*. 185(4157), pp. 1124-1131.

Tversky, A. & Kahneman, D. (1973) Disponibilitatea: A Heuristic for Judging Frequency and Propability. *Psihologie cognitivă*. 5, pp. 207-232.

Editorul asigură fiabilitatea informaţiilor publicate,
care nu ar putea însă angaja răspunderea sa.

Master ISBN: 9782808601047
Hârtie ISBN: 9782808602495
Depozit legal: D/2022/12603/250

Design digital: Primento,
partenerul digital al editurilor.